パティスリーみたいに作れる

プティ・ガトーの
デコレーション・メソッド

熊谷裕子

# PROLOGUE

プティ・ガトーとは、ひとり用サイズのケーキのこと。

完成したアントルメ（ホールケーキ）をテーブルに運び、ゲストの前で切り分けるのも素敵な演出ですが、ひとりひとりのために心をこめてつくり、デコレーションしたプティ・ガトーのスペシャル感は、格別のものがあります。箱に入れてお持ちすれば、まるでパティスリーのケーキのよう。大きなサプライズになるに違いありません。

いただく前にナイフを入れて切り分けることがないので、思い切ったデコレーションを楽しむことができるのが、プティ・ガトーの魅力です。また、同じ生地でも型を変えたり、仕上げのソースを変えるだけで表情が変わるのも楽しいところ。シンプルなケーキでも、プティ・ガトーにするだけで、ワンランク上に見えますよ。

使用したのは、たった4つの型。なのに、こんなにたくさんのプティ・ガトーがつくれます。お好みの型で、お好みの仕上げで、もっとバリエーションを広げて、オリジナルのプティ・ガトーを楽しんでください。

熊谷裕子

# プティ・ガトー 4つの型と4つのメソッド

4つの型だけでも、工夫しだいで色々なプティ・ガトーがつくれます。
さらに、プティ・ガトーをより美しくつくるために秘密のメソッド4つをご紹介します。

## 側面

ひとりひとりのため、小さなお皿にのせてサービスするプティ・ガトー。お皿の上では上面と同じくらい側面がアピールします。だから、デコレーションは側面にもポイントを。異なる生地を重ねて層にしたり、フルーツやショコラで飾ったり、横からのルックスを意識してアレンジしましょう。

▶38ページ
セルクルでムースフロマージュ・レジェ

▶22ページ
セルクルで
ムースショコラ・オランジュ

▶46ページ
角形セルクルでプランタニエ

▶58ページ
角形セルクルでキャプチーノ

▶14ページ
タルトレット型で
タルトレット・ショコラ

▶18ページ
角形セルクルで
フランボワーズ・ピスターシュ

## 立体感

お皿の上で華やかな存在感をいっぱいアピールしてほしいから、立ち上がるような立体感をつけましょう。フルーツを立てるように置いたり、クリームを盛り上げるように絞ったり。「上へ上へ」と意識してデコレーションすると、小ぶりなのにとってもゴージャスに仕上がります。

## ツヤ感

ツヤ感のあるデコレーションは、仕上がりをぐっとプロっぽくしてくれます。グラサージュ・ショコラで表面にシックなツヤを出したり、ナパージュで模様をつけたりと、その方法はさまざま。フルーツでフレッシュなツヤ感を出すなら、カットして切り口を見せるようにすると、みずみずしさが引き立ちます。

▶34ページ
ドーム型でドーム・キャラメルバナーヌ

▶30ページ
角形セルクルで
キャラメル・ポンム

▶66ページ
ドーム型で赤いナパージュと
ホワイトチョコのドーム

▶26ページ
タルトレット型で
ホワイトチョコクリームとベリーのタルトレット

▶54ページ
タルトレット型とセルクルで
タルトレット・
ポワールキャラメル

▶50ページ
セルクルでマンゴーと
グレープフルーツのムース

## 季節感

どんなメニューでも"季節感"を意識すると、テーブルが華やかになり、会話も弾みます。プティ・ガトーでは旬のフルーツを使ったり、四季をイメージする色でデコレーションをまとめるだけで、季節を感じさせることができます。

# CONTENTS

PROLOGUE……2

プティ・ガトー 4つの型と4つのメソッド……4

*01* フランボワーズ・ライチ……10
    VARIATION 「型」を変えてアレンジ
    長八角形のフランボワーズ・ライチ……13

*02* タルトレット・ショコラ……14

*03* フランボワーズ・ピスターシュ……18

*04* ムースショコラ・オランジュ……22
    VARIATION 「型」を変えてアレンジ
    六角形のムースショコラ・オランジュ……25

*05* ホワイトチョコクリームと
    ベリーのタルトレット……26
    PETIT GÂTEAU METHODE 1
    アングレーズソースのつくり方……29

*06* キャラメル・ポンム……30

*07* ドーム・キャラメルバナーヌ……34

*01*

FRAMBOISE LITCHI

*03*

FRAMBOISE PISTACHE

【材料について】
＊砂糖は、上白糖・グラニュー糖どちらを使ってもかまいません。「粉糖」「グラニュー糖」と指定している場合は、そのとおりに使用してください。
＊卵はLサイズを使用します。目安として卵黄20g、卵白40gです。分量が指定されている場合は、割りほぐしてから計量してください。
＊生クリームは動物性乳脂肪分35％または36％のものを使用してください。
＊生地をのばすときに使用する打ち粉は、基本的に強力粉が適しています。なければ薄力粉でもかまいません。
＊粉ゼラチンはあらかじめ分量の水で十分にふやかしておきます。

【道具について】
＊量に合ったボウル、泡立て器を使ってください。量が少ないのに大きな器具を使うと、卵白や生クリームなどがうまく泡立たないことがあります。
＊オーブンはあらかじめ指定の温度に温めておきます。
＊焼き時間、温度は家庭のオーブンによって多少異なることがありますので、調節してください。

*05*

TARTELETTE CHOCOLAT
BLANC ET FRUIT DE ROUGE

*01* variation

FRAMBOISE LITCHI

*02*

TARTELETTE CHOCOLAT

*04*

MOUSSE CHOCOLAT
ORANGE

*04* variation

MOUSSE CHOCOLAT
ORANGE

*06*

CARAMEL POMME

*07*

DÔME CARAMEL BANANE

## CONTENTS

*08* ムースフロマージュ・レジェ……38
    VARIATION 「型」を変えてアレンジ
    しずく形のムースフロマージュ・レジェ……41

*09* モンブラン……42

*10* プランタニエ……46

*11* マンゴーとグレープフルーツのムース……50

*12* タルトレット・ポワールキャラメル……54

*13* キャプチーノ……58

*14* ベリーとホワイトチョコのドーム……62
    VARIATION 「デコレーション」を変えてアレンジ
    赤いナパージュとホワイトチョコのドーム……66

おいしくきれいにつくるための基本テクニック……67

PETIT GÂTEAU METHODE 2
ビスキュイのつくり方……68

PETIT GÂTEAU METHODE 3
ジェノワーズショコラのつくり方……69

PETIT GÂTEAU METHODE 4
タルトレットのつくり方……70

PETIT GÂTEAU METHODE 5
ショコラ飾りのつくり方……72

PETIT GÂTEAU METHODE 6
きれいに仕上げるポイントメソッド……76

基本の道具……78

基本の材料……79

ワンランクアップの材料……79

*08*
MOUSSE FROMAGE
LÉGER

*10*
PRINTANIER

*13*
CAPPUCCINO

*08* VARIATION

MOUSSE FROMAGE
LÉGER

*09*

MONT-BLANC

*11*

MANGUE
PAMPLEMOUSSE

*12*

TARTELETTE POIRE
CARAMEL

*14*

DÔME CHOCOLAT BLANC
ET FRUT DE ROUGE

*14* VARIATION

DÔME CHOCOLAT BLANC
ET FRUT DE ROUGE

## フランボワーズ・ライチ
*Framboise Litchi*

ラズベリーとライチのムースで
ピンクと白の鮮やかな2層に。
間に挟んだ白桃が食感のアクセント。

型  直径5.5cm 高さ5cm セルクル

**材料** 4個分

- **ビスキュイ**
  シート1枚分
  (68ページ参照)
  26×19cmにのばして焼く
- **ライチムース**
  冷凍ライチピュレ…60g
  (解凍しておく)
  砂糖…15g
  レモン果汁…小さじ1/2
  粉ゼラチン…3g
  (水15gでふやかしておく)

  生クリーム…35g
  (8分立てにする)
- **ラズベリームース**
  冷凍ラズベリーピュレ…80g
  (解凍しておく)
  砂糖…25g
  粉ゼラチン…4g
  (水20gでふやかしておく)
  生クリーム…60g
  (8分立てにする)
- **フィリング**

  白桃(缶詰)…35g
- **デコレーション**
  ナパージュ
  赤いナパージュ
  (66ページ「赤いナパージュと
  ホワイトチョコのドーム」参照)
  ラズベリー
  グロゼイユ
  溶けない粉糖
  …各適量

## 下準備

01 68ページを参照してビスキュイ生地を焼く。冷めたらセルクルで8枚抜く。

02 セルクルの底に1のビスキュイを1枚ずつ敷く。

## ライチムースをつくる

03 解凍したライチピュレに砂糖、レモン果汁を混ぜ合わせ、レンジで溶かしたゼラチンを加える。

とろみを
つけすぎない

04 ボウルごと氷水に当て、うっすらとろみがつくまで混ぜながら冷やす。とろみがつきすぎると型に流しにくいので注意。

2回に分けて
入れる

05 泡立て器で混ぜながら、8分立ての生クリームを2回に分けて加える。加えるごとに全体をまんべんなく混ぜる。

01 フランボワーズ・ライチ

リボン状になる
なめらかさ

06 途中でゴムべらに変えて混ぜ、持ち上げたときになめらかにトロリとリボン状に落ちてくる程度のやわらかさにする。

内側にムースがついたら
ふき取る

07 6のライチムースを2の型に等分に流し入れる。このとき、型の内側上部にムースがつかないよう注意。

08 8mm角にカットした白桃を型より少し内側に散らし、押し込む。冷蔵庫で20分くらい冷やし固める。

## ラズベリームースをつくる

09 解凍したラズベリーピュレに砂糖を混ぜ合わせる。

10 9にレンジで溶かしたゼラチンを混ぜながら冷やす。ボウルごと氷水に当てながらよく混ぜる。

11 4と同じくらいのとろみがつくまで全体をよく混ぜ合わせる。

12 泡立て器で混ぜながら8分立ての生クリームを2回に分けて加える。

13 途中でゴムべらに変え、全体をよく混ぜ合わせ、6と同様になめらかにトロリと落ちてくる程度のやわらかいムースにする。

押し込みすぎないよう
注意!

14 もう1枚のビスキュイを裏返して8に平らにのせ、ムースと密着させる。

側面に
こすりつける

15 14の上半分に13を流し入れ、できあがりに気泡ができないよう、スプーンの背で型の側面にこすりつける。

16 型のふちギリギリまで13を流し入れる。

17 パレットでムースの表面をすりきって平らにし、冷蔵庫で十分に冷やし固める。

## デコレーションする

18 ムースの表面にナパージュを塗り、パレットを使って薄く広げる。

19 ところどころに赤いナパージュをパレットで少量のせるようにして色をつける。

20 77ページを参照して型から抜き、茶こしで溶けない粉糖を振ってからラズベリー、グロゼイユを飾る。

## VARIATION

「型」を変えてアレンジ

### 長八角形の
### フランボワーズ・ライチ

長八角形のセルクルを使うと、
大人っぽい雰囲気に。
両端にフルーツをのせた
デコレーションでスマートさを演出。

多角形のセルクルを使う場合、ビスキュイを抜くときに角が崩れないよう注意。

## タルトレット・ショコラ
*Tartelette Chocolat*

濃厚なガナッシュのタルトレットに
なめらかチョコクリーム、ショコラ飾りをトッピングした、
チョコレート好きにはたまらないタルトレットです。

**型** 　直径7cm 高さ1.6cm タルトレット型

**材料**　4個分

- **パートシュクレ・ショコラ**
  (70ページ参照)
  ★薄力粉は40gにし、ココア10gを加えてパートシュクレ・ショコラをつくる
- **ガナッシュ**
  生クリーム…80g
  スイートチョコレート…100g
  (カカオ分55%くらい)
- **シャンティショコラ**
  生クリーム…40g
  (液状のまま)
  ミルクチョコレート…70g
  (カカオ分40%くらい)
  生クリーム…70g
  (7分立てにする)
- **デコレーション**
  ショコラ飾り
  (74ページ・スクエア参照)

ショコラ飾り
(75ページ・ライン参照)
金箔…各適量

## タルトレットをつくる

01　70ページを参照してパートシュクレ・ショコラを型に敷き込み、フォークで穴をあけて冷蔵庫で30分ほど休ませる。

02　型よりひと回り大きいアルミカップを型の内側にぴったり合わせて敷き込む。

03　アルミカップにパイ石の重しを入れ、180℃に予熱したオーブンで10分焼く。

04　重しをバットにあけてからアルミカップをはずし、さらに4〜5分焼く。

## *02* タルトレット・ショコラ

―― ガナッシュをつくる ――

05 焼きあがり、冷めたら型からはずす。

06 生クリームとチョコレートを合わせて電子レンジにかけ、ブクッと沸騰したら取り出し、泡立て器で混ぜ合わせる。

―― シャンティショコラをつくる ――

07 写真のようにツヤが出てくるまでよく混ぜる。

08 冷蔵庫に入れ少し冷やしてとろみがついたら、5のタルトレットに平らに流し入れ、冷蔵庫で冷やし固める。

09 生クリームとミルクチョコレートを6と同様の手順で混ぜ合わせ、ガナッシュにする。

しっかり冷まさないとうまく絞れないので注意

10 9が人肌以下に冷めたら、7分立ての生クリームを2回に分けて混ぜながら加える。

11 なめらかなクリームになるまでよく混ぜる。混ぜすぎるとボソつくので注意する。

12　1cmの丸口金のついた絞り袋に11を入れ、8の周囲6か所と中央に絞る。冷蔵庫で15分ほど冷やして落ち着かせる。

13　5.5cm角の正方形にカットしたショコラ飾り（74ページ・スクエア参照）をクリームをつぶさないようそっと乗せる。

14　星口金のついた絞り袋に残りのシャンティショコラを入れ、ショコラ飾りの中央に小さな「の」の字を描くように絞る。

## デコレーションする

15　ショコラ飾り（75ページ・ライン参照）をセロファンからそっとはずす。

16　15を1本ずつほぐし、タルトの直径よりやや長めに折る。

17　14のシャンティショコラをつぶさないよう、そっとのせる。

18　竹串などを使い、ショコラ飾りの角に金箔をのせ、アクセントにする。

# フランボワーズ・ピスターシュ
*Framboise Pistache*

ホワイトチョコとピスタチオ、2つのババロアに
ラズベリージャムの爽やかな酸味がマッチ。
正方形のカットで可愛らしく。

型  15×10cm 高さ5cm 角形セルクル

**材料** 6カット分

- **ビスキュイ**
  シート1枚分
  （68ページ参照）
  22×17cmにのばして焼く
- **ラズベリージャム**
  冷凍ラズベリー…50g
  水…20g
  砂糖…15g
  ペクチン…2g
  ★市販の低糖タイプのラズベリージャムを煮詰めてもよい

- **ホワイトチョコレートのババロア**
  牛乳…60g
  砂糖…20g
  卵黄…1個分
  粉ゼラチン…3g
  （水15gでふやかしておく）
  ホワイトチョコレート…20g
  （刻んでおく）
  生クリーム…60g
  （7分立てにする）

- **ポンシュ**
  キルシュ（さくらんぼのブランデー）…15g
  水…10g
  ★すべて混ぜ合わせておく
- **ピスタチオのババロア**
  牛乳…60g
  ピスタチオペースト…15g
  砂糖…25g
  卵黄…1個分
  粉ゼラチン…3g
  （水15gでふやかしておく）

キルシュ…5g
生クリーム…60g
（7分立てにする）
- **デコレーション**
  ナパージュ
  ピスタチオペースト
  ラズベリー
  ピスタチオ
  ショコラ飾り
  （75ページ
  ・カールコーム参照）
  溶けない粉糖
  …各適量

## ホワイトチョコレートのババロアをつくる

01 29ページを参照してアングレーズソースをつくる。少しとろみがついたらゼラチンを加えてよく溶かし、刻んだホワイトチョコレートに2回に分けて加える。

とろみがつきすぎると
型に流しにくくなるので注意！

02 チョコレートが溶けたら、ボウルごと氷水に当てて混ぜながら、完全に冷ます。

03 うっすらととろみがついたら7分立ての生クリームを2回に分けて加え、全体をまんべんなく混ぜ合わせる。

04 ゴムべらを持ち上げるとタラーッとたれる、写真のやわらかさになる。

05 ラップを貼って輪ゴムで止め、底をつくった角形セルクルをバットにのせ、4を一気に流し込む。このとき型のふちにつかないように注意。

06 下に敷いたバットごと持ち上げてトントンとして空気を抜き、表面を平らにならす。冷蔵庫で冷やし、表面を固める。

## ラズベリージャムをつくる

07 解凍したラズベリー、水を小鍋に入れ、砂糖とペクチンを合わせて加え、加熱する。

08 鍋底が見えるほどドロッとしてきたら火を止め、ボウルにあけて冷ましておく。

09 写真くらいの固さになるまでよくほぐす。冷めたらかるくほぐしておく。砂糖控えめのジャムなので、たっぷりサンドできる。

## ピスタチオのババロアをつくる

10 ピスタチオのアングレーズソースをつくる。小鍋の牛乳にピスタチオペーストをほぐしながら加える。

11 小鍋を火にかけ、加熱して沸騰させながら溶かす。完全に溶けなくてもよい。

12 半量の11を砂糖をすり混ぜた卵黄に加えて溶きのばし、再び小鍋に戻してごく弱火で混ぜながら加熱する。

13 うっすらととろみがついたら火を止め、すぐにふやかしたゼラチンを加えて余熱で溶かす。

14 13を茶こしで裏ごししながらボウルにあけ、ピスタチオペーストのダマをなくす。

15 ボウルごと氷水に当てて混ぜながら冷まし、うっすらととろみがついたらキルシュを加えてさらに混ぜる。

## 仕上げる

16 7分立てにした生クリームを2回に分けて混ぜ合わせ、全体をまんべんなく混ぜる。

17 用意したビスキュイを10×15cm 2枚にカットし、1枚はまんべんなくポンシュをしみ込ませ9のラズベリージャムを塗り広げる。

18 ジャムの面がババロアと密着するよう、ズレないよう注意しながら6の上に17をかぶせる。表面にポンシュをしみ込ませる。

19 18の上に16を平らに流し入れる。ババロアの表面はふちより少し低くてよい。セルクルのふちにババロアがついたら、ペーパーなどでふき取る。

20 もう1枚のビスキュイの焼き面にポンシュをしみ込ませ、裏返して19の表面にのせて密着させる。冷蔵庫で冷やし固める。

21 20を裏返してラップをはがし、ナパージュを全体に塗り、少量のナパージュで溶いたピスタチオペーストを塗って模様にする。

22 77ページを参照してそっと型から抜き、縦半分に切ってから3等分にカットし（76ページ参照）、6等分にする。

23 ホワイトチョコレートでつくったショコラ飾り（75ページ・カールコーム参照）を温めたナイフで適当な大きさに切る。

24 茶こしで溶けない粉糖を振ったラズベリー、ピスタチオ、ショコラ飾りで飾る。

## ムースショコラ・オランジュ

*Mousse Chocolat Orange*

ほろ苦いムースショコラを
つややかなグラサージュ・ショコラで飾りました。
中に隠れたオレンジピールがチョコレートの風味を引き立てます。

型  直径5.5cm 高さ5cm セルクル

材料　4個分

- **ビスキュイショコラ**
  シート1枚分
  (68ページ参照)
  22×19cmにのばして焼く
- **ムースショコラ**
  牛乳…70g
  砂糖…15g
  卵黄…1個分
  粉ゼラチン…2g
  (水10gでふやかしておく)

  スイートチョコレート
  (カカオ分70%)…60g
  (刻んでおく)
  生クリーム…90g
  (7分立てにする)
- **シャンティショコラ**
  ミルクチョコレート…20g
  生クリーム…20g
  (8分立てにする)
- **ポンシュ**
  コアントロー(オレンジの
  リキュール)…10g

  水…15g
  ★すべて混ぜ合わせておく
- **フィリング**
  オレンジピール　12g
  (刻んでおく)
- **グラサージュ・ショコラ**
  牛乳…45g
  砂糖…25g
  ココア…10g
  粉ゼラチン…1g
  (水5gでふやかしておく)
- **デコレーション**
  ショコラ飾り
  (73ページ・
  しずく形参照)
  金箔…各適量

## ムースショコラをつくる

01　29ページを参照してアングレーズソースをつくり、とろみがついたらゼラチンを加えてよく溶かし、半量をスイートチョコレートに加える。

02　チョコレートが完全に溶けたら、残りのアングレーズソースを加え、よく混ぜる。

03　ボウルごと氷水に当てながらよく混ぜ、写真くらいのとろみをつける。

## シャンティショコラをつくる

04　7分立てにした生クリームを2回に分けて加え、全体をまんべんなく混ぜる。

05　ミルクチョコレートを湯せんで溶かし、なめらかにする。

06　8分立ての生クリームを加え、ざっと混ぜる。

*04* ムースショコラ・オランジュ

### 型に入れる

07　68ページを参照してビスキュイショコラを焼き、セルクルで4枚抜く。

08　中用に2.5cm角正方形4枚をカットする。

09　7の表面にポンシュをしみ込ませ、型の底にはめ込む。

10　4のムースショコラを30gずつ流し入れる。

11　できあがりの側面に気泡ができないよう、スプーンの背で内側のふちまでこすりつける。

12　両面にポンシュをしみ込ませた8を中央のくぼみに入れる。

13　シャンティショコラをスプーンで4等分にし、12の上にのせるようにして入れる。

14　さらに刻んだオレンジピールをのせ、かるく押し込む。

15　残りのムースショコラを流し入れ、表面をパレットですりきり、平らにする。冷蔵庫で冷やし固める。

## グラサージュ・ショコラをつくる

16 牛乳、砂糖、ココアを小鍋に入れ、泡立て器で混ぜながら中火で加熱する。

17 ココアが溶けたら焦げないよう耐熱製のゴムべらで混ぜながら加熱する。一度全体が沸騰したら、さらに30秒煮詰め、火を止める。

18 煮立った泡がおさまったらふやかしたゼラチンを加えて溶かし、茶こしでこす。人肌以下まで冷ましておく。

## デコレーションする

19 18を15の表面にのせ、固まらないうちに手早くパレットで平らにならす。

20 中央に金箔を飾り、77ページを参照してそっと型から抜く。

21 側面の3か所にショコラ飾り(73ページ・しずく形参照)をつける。

## VARIATION

「型」を変えてアレンジ

### 六角形の
### ムースショコラ・オランジュ

正六角形の型を使うと
ちょっぴり気取った印象に。
レースのようなショコラ飾りをプラスして、
さらにゴージャス!

繊細なショコラ飾り(75ページ・レース参照)は、大きめのものを使うとより豪華なイメージに。

## ホワイトチョコクリームとベリーのタルトレット

*Tartelette Chocolat Blanc et Fruit de Rouge*

ミルキーなホワイトチョコクリームに甘酸っぱいベリーを合わせ、絞りで華やかに仕上げます。ホワイトチョコレートで翼のようなショコラ飾りをつくり、ピュアなイメージにデコレーションして。

型　　直径7cm 高さ1.6cm タルトレット型

**材料**　4個分

- **パートシュクレ**
  1単位(70ページ参照)
- **クレームダマンド**
  バター(食塩不使用)…20g
  砂糖…20g
  卵…20g
  アーモンドパウダー…20g
- **フィリング**
  ラズベリージャム…30g
- **ホワイトチョコクリーム**
  ホワイトチョコレート…25g
  生クリーム…15g(液状のまま)
  生クリーム…100g
  (8分立てにする)
- **デコレーション**
  いちご
  ラズベリー
  フリーズドライストロベリーパウダー
  ショコラ飾り(73ページ・羽参照)
  溶けない粉糖
  …各適量

## 下準備　　　　　　ホワイトチョコクリームをつくる

01　70ページを参照してパートシュクレ、クレームダマンドをつくり、タルトレットを焼く。冷めたらラズベリージャムをのせる。

02　刻んだホワイトチョコレートと生クリームを電子レンジにかけ、ぷくっと沸きはじめたら取り出し、ぐるぐるとよく混ぜる。

03　なめらかなガナッシュになったら、人肌以下まで冷ます。

04　8分立ての生クリームを加え、全体をざっと混ぜる。

05　ツノが立つ固さになったらできあがり。混ぜすぎるとボソつくので注意。

05 ホワイトチョコクリームとベリーのタルトレット

## デコレーションする

06 星口金(大きめのものがあればなおよい)をつけた絞り袋に5を入れる。

07 1のタルトレットにのせたラズベリージャムを囲むように、ホワイトチョコクリームを5か所絞り出す。

08 続いて、中央にもボリュームを出して絞り出し、ラズベリージャムを完全に隠す。

09 縦1/4にカットしたいちご、1/2にカットしたラズベリー、溶けない粉糖を振ったラズベリーを飾る。

10 タルトレットのふちに溶けない粉糖を振りかける。このとき、茶こしを使って振ってもよい。

11 ホワイトチョコレートのショコラ飾り(73ページ・羽参照)を飾る。

12 最後に、フリーズドライストロベリーパウダーを振りかける。

# PETIT GÂTEAU METHODE 1

## アングレーズソースのつくり方

アングレーズソースは牛乳と砂糖、卵だけでつくる、基本のソース。
本書で紹介したムースやババロアだけでなく、
アイスクリームのベースやデザートソースとしても使われるので、ぜひ覚えてください。

**材料**

牛乳…60g
砂糖…20g
卵黄…1個分

※これは基本の分量なので、実際の分量は各レシピを参照してください。

01 ボウルに卵黄を割りほぐし、砂糖の半分を加えてよくすり混ぜる。

02 小鍋で牛乳と残りの砂糖を加熱し、ふつふつするまで沸騰させる。

03 2の半量を1に入れ、よく溶きのばす。

04 しっかり混ざったら、半量が残っている2の小鍋に3を戻し、耐熱製のゴムべらで混ぜながらごく弱火で加熱する。

05 うっすらとろみがついたら火を止める。ムースやババロアをつくるときは、熱いうちにふやかしたゼラチンを加え、溶かす。

## キャラメル・ポンム
*Caramel Pomme*

砂糖をしっかり焦がしてつくった
ビターなキャラメルが大人の味わい。
りんごソテーの歯ごたえがアクセント。

型  15×10cm 高さ5cm 角形セルクル

材料　5カット分

- **ビスキュイショコラ**
  シート1枚分
  (68ページ参照)
  22×17cmにのばして焼く
- **りんごソテー**
  りんご…1/2個
  砂糖…適量
- **ババロアバニーユ**
  牛乳…60g
  バニラさや…2cm
  (なければバニラエッセンス数滴)

砂糖…25g
卵黄…1個分
粉ゼラチン…3g
(水15gでふやかしておく)
カルバドス
(りんごのブランデー)…5g
★なければブランデー
でもよい
生クリーム…60g
(7分立てにする)

- **ポンシュ**
  カルバドス…15g
  水…10g
  ★すべて混ぜ合わせておく
- **クレーム・キャラメルショコラ**
  砂糖…25g
  水…10g
  生クリーム…30g
  粉ゼラチン…2g
  (水10gでふやかしておく)

ミルクチョコレート
…25g
(細かく刻んでおく)
生クリーム…60g
(7分立てにする)
- **デコレーション**
  ナパージュ
  粉末のインスタント
  コーヒー
  金箔
  …各適量

## りんごソテーをつくる

01　皮をむいて厚さ8mmくらいのくし切りにしたりんごをフッ素樹脂加工のフライパンに並べ、砂糖と水を少し振りかける。

02　中火にかけてりんごに焼き色がついたら裏返し、両面を焼く。うっすら煙が出るまで少し濃いめに焼き色をつける。

03　ラップを貼って輪ゴムで止め、底をつくった角形セルクルをバットの上に置き、十分冷めた2を並べておく。

## ババロアバニーユをつくる

04　バニラさやを縦に裂き、ナイフの先で種をこそげ取る。

05　牛乳と4を小鍋に入れ、29ページを参照して同様にアングレーズソースをつくる。水でふやかしたゼラチンを加えてよく溶かし、ボウルにあける。

06　氷水にあてて冷やし、うっすらとろみがついたらカルバドスを加える。4がないときは、ここでバニラエッセンスも加える。

## 06 キャラメル・ポンム

### クレーム・キャラメルショコラをつくる

07 7分立ての生クリームを2回に分けて加え、まんべんなく混ぜる。

08 3のセルクルに一気に流し入れ、平らにならして冷蔵庫で冷やす。このとき、型のふちにつかないよう注意する。もしついたらペーパーなどでふき取る。

09 35ページ1〜7を参照してキャラメルショコラをつくる。

### 組み立てる

10 9に2回に分けて7分立てにした生クリームを加える。

11 全体にまんべんなく混ざったらできあがり。

12 用意したビスキュイショコラを10×15cm 2枚にカットする。1枚目にポンシュをしみ込ませる。

13 裏返した12を8の表面にのせ、水平になるよう密着させたら、ポンシュをしみ込ませる。

14 13の上に11を平らに流し入れる。

15 ゴムべらなどで14の表面を平らに整える。このときセルクルのふちにクレームがついたらペーパーなどでふき取る。

16 焼き面にポンシュをしみ込ませたビスキュイを裏返して15にのせ、表面に密着させたら冷蔵庫で十分冷やし固める。

17 16を裏返してラップをはずす。

## デコレーションする

18 パレットを使って全体に薄くナパージュを塗る。

19 粉末のインスタントコーヒー少量に水を少しずつたらして混ぜ、濃いコーヒー液をつくる。

20 18のところどころに19をのせる。

21 表面をかるくこすってランダムに模様をつける。

22 77ページを参照してそっと型から抜いて5等分にカットし（76ページ参照）、金箔を飾る。

## ドーム・キャラメルバナーヌ
*Dôme Caramel Banane*

シンプルな組み立てでも、ドーム型にするだけでスタイリッシュに！
グラサージュは真上から流してムラのない仕上がりに。

型  直径6.5cm ドーム型

**材料** 4個分

- ビスキュイショコラ
  シート1枚分（68ページ参照）
  22×19cmにのばして焼く
- クレーム・キャラメルショコラ
  砂糖…40g
  水…15g
  生クリーム…50g
  粉ゼラチン…2g
  （水10gでふやかしておく）
  ミルクチョコレート40g
  （コイン状か、細かく刻んだもの）

- 生クリーム　80g
  （7分立てにする）
- フィリング
  バナナ…40g
- グラサージュ・ショコラ
  牛乳…90g
  砂糖…50g
  ココア…20g
  粉ゼラチン…2g
  （水10gでふやかしておく）

- デコレーション
  アーモンド
  ヘーゼルナッツ
  ピスタチオ
  ショコラ飾り（74ページ・ディスク参照）
  金箔スプレー
  …各適量

## クレーム・キャラメルショコラをつくる

01 砂糖と水を小鍋に入れて中火にかけ、煮詰める。生クリームは電子レンジで温めておく。

濃いめに焦がさないとキャラメル味が出ない。

02 濃い茶色になるまで焦がしたら、火を止める。
※煙が出るので、必ず換気扇をつけること。

03 温めておいた生クリームを2回に分けて加える。※熱い蒸気が立つので横から入れるようにして。火傷に注意。

04 そっとまんべんなく混ぜ、キャラメルソースをつくる。

05 沸騰がおさまったら水でふやかしたゼラチンを加え、余熱で溶かす。

07 ドーム・キャラメルバナーヌ

06 コイン状の(または刻んだもの)ミルクチョコレートを入れたボウルに5を2回に分けて加える。

07 チョコレートが完全に溶け、なめらかになったら常温で冷ます。

08 7分立てにした生クリームを2回に分けて加え、よく混ぜ合わせる。

## ドームをつくる

09 全体にまんべんなく混ざったらできあがり。

**表面に気泡をつくらないポイント!**

10 ドーム型の半分くらいまで9を入れたら、スプーンの背を使って型のふちまでこすりつけ、中央をへこませる。

11 バナナ1本を8mm角にカットする。

12 10の中央にカットしたバナナをのせる。

13 残りの9を流し入れ、表面を平らにならす。

14　用意したビスキュイショコラを直径6cmほどの抜き型で4枚抜く。

15　14を裏返して13にそっとのせ、冷凍庫で完全に凍らせる。

**完全に固く凍らないときれいに型から抜けない**

16　77ページを参照して型から抜き、バットを敷いた網（クーラー）の上に並べておく。

---

## デコレーションする

17　もし表面に気泡の穴があればパレットで表面をなでて、気泡を消し、なめらかにする。

**中心かららせんを描くようにかける**

18　25ページの16～18を参照してグラサージュ・ショコラをつくり、人肌以下に冷ましたら17に一気にまわしかける。

---

19　パレットナイフでそっとお皿などにうつし、アーモンド、ヘーゼルナッツ、刻んだピスタチオを飾る。

20　金箔スプレーをふきかけ、ショコラ飾り（74ページ・ディスク参照）をのせる。冷蔵庫で解凍してからいただく。

**【グラサージュ・ショコラがけのポイント】**

冷蔵庫からムースを出して常温におくと、霜がついてグラサージュ・ショコラがかかりにくくなります。クーラーに並べたら、すぐにコーティングしましょう。

## ムースフロマージュ・レジェ
*Mousse Fromage Léger*

レモン果汁だけでなく、皮も加えることで
香りがより広がる、かるいチーズムースに。
パイナップルと合わせていっそう爽やかです。

型  直径5.5cm 高さ5cm セルクル

材料　4個分

- **ビスキュイ**
  シート1枚分
  （68ページ参照）
  26×19cmにのばして焼く
- **チーズムース**
  クリームチーズ…90g
  砂糖…25g
  牛乳…50g
  ゼラチン…4g
  （水20gでふやかしておく）

  レモンの皮（すりおろし）
  …1/3個分
  レモン果汁…1/3個分
  生クリーム…60g
  （8分立てにする）
- **フィリング**
  パイナップル（缶詰）…1枚
- **デコレーション**
  生クリーム…60g
  （8分立てにする）

  マスカット
  青りんご
  パイナップル
  ブルーベリー
  セルフィユ
  （チャービル）
  …各適量

## ムースフロマージュをつくる

01　クリームチーズは常温に戻しておき、やわらかくなったら泡立て器でクリーム状に練る。

02　砂糖を加え、なめらかになるまで混ぜる。

03　牛乳を少しずつ加えては混ぜる。

04　水でふやかしたゼラチンを電子レンジで温めて溶かし、3に加えてよく混ぜる。

黄色い皮だけ すりおろして加える

05　レモンの皮をすりおろして加える。白い部分は苦味が出るので、黄色い皮のみを加える。

## 08 ムースフロマージュ・レジェ

06 皮をすりおろしたあとのレモンを絞り、果汁を加える。

07 8分立ての生クリームを2回に分けて加え、全体をまんべんなく混ぜ合わせる。

08 写真のようななめらかなムースができる。

09 68ページを参照して焼いたビスキュイを、型に合わせて4枚抜き、型の底にはめ込む。

10 型の半分まで8を流し入れる。

11 8cm角にカットし、キッチンペーパーで十分に水気を切ったパイナップルを10の中央にのせ、かるく押し込む。

12 残りのチーズムースを等分に流し入れる。型より低くてもよい。冷蔵庫で冷やし固める。

13 77ページを参照してそっと型から抜く。

## デコレーションする

14 8分立てにした生クリームをサントノーレ口金をつけた絞り袋に入れ、ジグザグを描くように蛇行させて絞り出す。

15 絞り袋を垂直に持ち、たっぷりとボリュームを出して絞るように。

16 マスカットは皮ごと縦半分に切り、りんごは薄くスライス、パイナップルは小さくカットする。

17 マスカット以外のフルーツを飾る。りんごは少し広げてから生クリームに立てるように飾ると立体感がついてきれい。

18 側面の3か所に半分にカットしたマスカットを貼りつけ、セルフィユを飾る。

## VARIATION

「型」を変えてアレンジ

### しずく形の
### ムースフロマージュ・レジェ

鋭角的な部分がある型は、
ムースやババロアを流し込んだときに
先端部分に気泡が入りやすいので
しっかりスプーンの先などで
押し込むようにして。

鋭角的な部分がある型は、抜くとき崩れやすい。型はまんべんなく温め、慎重に抜く。

# 09

## モンブラン
### *Mont-Blanc*

中にマロンと相性のよい黒糖のクリームがたっぷり入った、
モンブランのタルトレット。
モンブランクリームは十字に絞って仕上げます。

型  直径7cm 高さ1.6cm タルトレット型

材料　4個分

- **パートシュクレ**
  1単位(70ページ参照)
- **クレームダマンド**
  バター(食塩不使用)…20g
  砂糖…20g
  卵…20g
  アーモンドパウダー…20g
- **フィリング**
  栗渋皮煮…2個
  (4等分にしておく)
  生クリーム…140g

黒糖(粉末状のもの)…15g
★なければきび糖、ブラウンシュガーなどでもよい
- **モンブランクリーム**
  マロンペースト…130g
  バター(食塩不使用)…13g
  牛乳…26g
- **デコレーション**
  ヘーゼルナッツ
  …(180度のオーブンで
  6〜8分焼いておく)

★アーモンドスライスでもよい
溶けない粉糖
ココア
…各少々
ショコラ飾り
(73ページ・羽参照)

## 下準備

01　70ページを参照してパートシュクレ、クレームダマンドをつくり、タルトレットを焼く。カットした栗の渋皮煮を4等分したものを2個ずつのせる。

02　生クリームを7分立てくらいにし、黒糖も加えて、角が立つくらいまで固く泡立てる。

03　1cm丸口金をつけた絞り袋に2を入れ、栗を囲むようにらせんに絞り出す。上面は平らになるようにして絞る。

## モンブランクリームをつくる

04 フードプロセッサにマロンペースト、室温に戻してやわらかくしたバターを入れる。

05 全体をよく混ぜて、ダマがなくなったら、一度止める。

06 2回に分けて牛乳を加えながら、そのつどよく混ぜてなめらかなクリーム状にする。

## デコレーションする

07 写真のようにダマがなく、なめらかになったら、できあがり。

08 モンブラン口金をつけた絞り袋に7を入れる。モンブランクリームが固いので、厚めのビニール製か布製の絞り袋に。

09 少し上からたらすようにしながら、まず縦に2往復、モンブランクリームを絞り出す。途切れないように注意する。

10 9のクリームに直角に交わるよう、向きを変えて2往復絞り出す。3のクリームが隠れるよう、場所をずらしながら絞る。

11 10を20分くらい冷凍庫に入れ、ペタペタしない程度に固めてモンブランクリームを締める。クリームが冷えたら、下部を手で押さえて形を整える。

12 オーブンで焼いたヘーゼルナッツを粗く刻み、ふちに押しつけるようにして飾る。

13 茶こしかシェイカーで溶けない粉糖をふちに振りかける。

クリームの表面に
スプーンを寝かせて当て、
手前に浅くすくいとる

14 お湯でスプーンを温め、水気をとってから、余った黒糖クリームをラグビーボール状にすくいとる。好みの口金で絞って飾ってもよい。

15 13の上に14をそっとのせる。クリームの丸みに沿ってスプーンをスライドさせてはずすのがコツ。

## 仕上げる

16 クリームの上にココアパウダーを散らす。

17 ショコラ飾り（73ページ・羽参照）をのせる。

## プランタニエ
*Printanier*

いちごムースとレモンムースの間に、
甘酸っぱいジュレをはさみました。
一段ずつ丁寧に、きれいな層をつくりましょう。

型  15×10cm 高さ5cm 角形セルクル

材料　5カット分

- **ビスキュイピスターシュ**
  シート1枚分
  (68ページ参照)
  22×17cmにのばして焼く
- **いちごムース**
  冷凍いちごピュレ…80g
  ★生のいちごをミキサーなど
  でピュレにしたものでもよい
  砂糖…20g
  レモン果汁…5g
  粉ゼラチン…3g
  (水15gでふやかしておく)

  生クリーム…50g
  (8分立てにする)
- **ポンシュ**
  キルシュ(さくらんぼの
  ブランデー)…10g
  水…15g
  ★すべて混ぜ合わせておく
- **ベリーのジュレ**
  いちごピュレ…40g
  ラズベリーピュレ…30g
  砂糖…10g

  粉ゼラチン…2g
  (水10gでふやかしておく)
- **ヨーグルトレモンムース**
  ヨーグルト…50g
  砂糖…15g
  粉ゼラチン…3g
  (水15gでふやかしておく)
  レモンの皮(すりおろし)
  …1/3個分
  生クリーム…60g
  (8分立てにする)

  いちご角切り、
  冷凍ラズベリー
  …合わせて50g
- **デコレーション**
  ナパージュ
  赤いナパージュ
  (66ページ参照)
  いちご
  グロゼイユ
  ピスタチオ
  …各適量

## いちごムースをつくる

01　解凍したいちごピュレに砂糖、レモン果汁を混ぜ、溶かしたゼラチンを加え、ボウルごと氷水に当て、混ぜながら冷やす。

02　うっすらとろみがついたら8分立ての生クリームを2回に分けて加え、まんべんなく混ぜる。

03　ラップを貼って、輪ゴムで止め、底をつくった角形セルクルをバットの上に置き、2を流し入れる。

## ベリーのジュレをつくる

04　バットごとトントンとして空気を抜く。表面が平らに整ったら、冷蔵庫で冷やしておく。

05　いちごとラズベリーのピュレ、砂糖を合わせ、ふやかしてから電子レンジで温めて溶かしたゼラチンを加える。

06 4に流し入れ、冷蔵庫で冷やしておく。そのつど冷やし固めるのが水平な層をつくるコツ。

07 68ページを参照して焼いたビスキュイピスターシュを10×15cm 2枚にカットする。1枚にポンシュをしみ込ませる。

08 裏返して6の上にのせる。この面にもポンシュをしみ込ませる。

## ヨーグルトレモンムースをつくる

09 ヨーグルトに砂糖を加え、よく混ぜ合わせる。ふやかしてから電子レンジで温めて溶かしたゼラチンを加える。

10 レモンの皮をすりおろして加える。苦みが出る白い部分は入れないように注意する。

11 8分立てにした生クリームを2回に分けて加え、全体をまんべんなく混ぜ合わせる。

12 11の半量を流し入れる。

13 型の角がきれいに出るよう、ゴムべらで角まできちんと流し込む。

14 いちごは1cm角にカットする。冷凍ラズベリーは解凍せず、そのままほぐして使う。

15 13に14を散らし、ムースの中にかるく押し込む。

16 11の残りのムースを流し入れ、ゴムべらなどで表面を平らに整える。

ふちをきれいに整えると
仕上がりの層がきれいに

17 型のふちについたムースはペーパーなどでまっすぐにふき取る。

18 焼き面にポンシュをしみ込ませたビスキュイを裏返し、17にのせ、ムースと密着させて冷蔵庫で十分に冷やし固める。

## 仕上げる

19 18を裏返してラップをはずし、透明なナパージュを塗ってから赤いナパージュをところどころに塗って模様にする。

20 77ページを参照して型から抜いたら、76ページを参照して5等分にカットする。

21 カットしたいちご、グロゼイユを飾り、仕上げに刻んだピスタチオを振る。

49

# 11 マンゴーとグレープフルーツのムース

*Mangue Pamplemousse*

マンゴームースの下には爽やかな
グレープフルーツのムースを入れて。
ビスキュイを丁寧に敷き込むのがコツです。

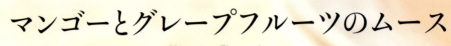

型  直径5.5cm 高さ5cm セルクル

**材料** 4個分

- **ビスキュイ**
  シート1枚分
  （68ページを参照）
  26×19cmにのばし、ココナッツ
  ファインを全体に振って焼く。
  溶けない粉糖…適量
- **グレープフルーツムース**
  グレープフルーツ果汁…40g
  グレープフルーツの皮
  （すりおろし）…少々
  砂糖…15g

  粉ゼラチン…2g
  （水10gでふやかしておく）
  生クリーム…30g
- **マンゴームース**
  マンゴーピュレ…70g
  レモン果汁…5g
  砂糖…15g
  粉ゼラチン…3g
  （水15gでふやかしておく）
  生クリーム…50g
  （8分立てにする）

- **フィリング**
  グレープフルーツ果肉…35g
- **デコレーション**
  マンゴーナパージュ
  （ナパージュ20gに
  マンゴーピュレ4gを混ぜる）
  赤いナパージュ（66ページ参照）
  マンゴー
  グロゼイユ
  …各適量

## 下準備

01 68ページを参照してビスキュイ生地をつくり、26×19cmにのばしたらココナッツファインを全体に振って焼く。

02 側面用として、1を3×17cmに4本カットする。

03 底用として直径4cmの抜き型を使い、4枚抜く。さらに、中用として2.5cm角の正方形を4枚カットする。

04 側面用に溶けない粉糖を振りかける。こうすることで型にはめやすくなり、型から抜くときもスムーズになる。

05 側面用ビスキュイをはめる。粉糖を振った面を外にして両端を合わせ、ずれないように少しずつ押し込んでいく。

// マンゴーとグレープフルーツのムース

06 ふちまで押し込んだら型をひっくり返す。

07 内側からビスキュイをかるく押さえ、型に密着させる。こうすることで仕上がりの形がきれいに。押しつけすぎてつぶさないよう、注意。

08 底用のビスキュイも焼き面を上にして型にはめ込む。

## グレープフルーツムースをつくる

09 11ページ3〜6を参照し、グレープフルーツムースをつくる。ライチピュレとレモン果汁のかわりにグレープフルーツ果汁、すりおろし皮を加える。

10 8の型のビスキュイの高さまで、9を流し入れる。

11 グレープフルーツ果肉は角切りにしてから、キッチンペーパーではさんで水気を切っておく。

12 10の中央に11をのせ、かるく押し込む。

13 中用のビスキュイを焼き面を下にしてのせ、かるく押し込む。

## マンゴームースをつくる

14 12ページ9〜13を参照しマンゴームースをつくる。ラズベリーピュレのかわりにマンゴーピュレ、レモン果汁で仕上げる。

15 13の上に半分くらいまで14を流し入れ、スプーンの背で側面にこすりつけ、気泡ができないようにしておく。

## デコレーションする

16 15のふちいっぱいまで14を流し入れ、パレットで表面を平らにすりきったら、冷蔵庫で冷やし固める。

17 16が固まったら、パレットの先で赤ナパージュをつけ、模様にする。

18 ナパージュにマンゴーピュレを加えて黄色のナパージュをつくる。

19 17の上に18を薄く塗り広げる。赤のナパージュでつけた模様を削らないよう、うわずみだけかぶせるように塗り広げる。

20 マンゴーを1cm角切りにする。

21 77ページを参照して型から抜き、フルーツを飾る。グロゼイユがなければラズベリー、いちごなどでもよい。

# 12
## タルトレット・ポワールキャラメル
*Tartelette Poire Caramel*

洋梨を入れて焼いたタルトレットに、
マイルドなバニラババロアをのせて。
キャラメリゼした洋梨のビターな味を効かせます。

型  直径7cm 高さ1.6cm タルトレット型　　直径5.5cm 高さ5cm セルクル

材料　4個分

- **パートシュクレ**
  1単位(70ページ参照)
- **クレームダマンド**
  バター(食塩不使用)…15g
  砂糖…15g
  卵…15g
  アーモンドパウダー…15g
  洋梨(缶詰)…35g
  (水気を切り、2cm角に
  カットする)
- **洋梨のキャラメリゼ**

砂糖…12g
水…6g
洋梨(缶詰)…45g
(水気を切り、1cm角に
カットする)
- **ババロアバニーユ**
牛乳…60g
生クリーム…40g
バニラさや…2cm
(なければカルバドスと一緒に
バニラエッセンスを数滴加える)

砂糖…30g
卵黄…1個分
生クリーム…65g
(7分立てにする)
カルバドス
(りんごのブランデー)…5g
粉ゼラチン…4g
(水20gでふやかしておく)
- **デコレーション**
ナパージュ
インスタントコーヒー

生クリーム…少々
(7分立てにする)
洋梨
ピスタチオ
ショコラ飾り
(74ページ・
ディスク参照)
…各適量

## タルトレットをつくる

01　70ページを参照してパートシュクレ、クレームダマンドをつくる。クレームダマンドに水気を切った洋梨をのせる。

02　1を180℃に予熱したオーブンで25分ほど焼いたら、型からはずして冷ましておく。

## 洋梨のキャラメリゼをつくる

03　小鍋に砂糖と水を沸騰させて煮詰め、キャラメル色に焦がす。少し濃いめに焦がすのがポイント。

04　角切りにした洋梨をそっと入れる。ざっと入れるとキャラメルが跳ねて火傷する危険があるので、注意。

05　中火にして洋梨をさっとソテーする。全体的にキャラメルがからんだら火を止め冷ます。

## *12* タルト・ポワールキャラメル

### ババロアバニーユをつくる

06 29ページを参照し、牛乳に生クリーム、バニラさや（31ページ4参照）を加えてアングレーズソースをつくり、余熱でゼラチンを溶かし込む。

07 冷やしてとろみをつけたらカルバドスを加え、さらに7分立てにした生クリームを2回に分けて加える。

08 全体をまんべんなく混ぜたらできあがり。

09 セルクルにラップを貼って、輪ゴムで止め、底をつくったセルクルをバットの上に置く。

10 8を45gずつ型に流し入れたら、スプーンの背を使って型の側面に塗りつけ、中央にくぼみをつくる。

11 5の洋梨のキャラメリゼを中央に入れ、かるく押し込む。

12 残りのムースを等分に流し入れる（型のふちまで入らなくてもよい）。冷蔵庫で十分冷やし固める。

13 12をひっくり返してラップをはずす。

## デコレーションする

14 パレットを使って表面に薄くナパージュを塗り広げる。

15 33ページ19〜21を参照してコーヒーで模様をつける。

16 2の洋梨のタルトレットに、7分立てにした生クリームを少量のせ、タルトレットとババロアをつなぐ「のり」にする。

17 77ページを参照して16の上にババロアを型から抜く。

18 洋梨は3mmほどの厚さにスライスする。

19 18をバーナーで焼いて焦げ目をつける。

20 19を17の上にのせる。

21 細かく刻んだピスタチオ、ショコラ飾り（74ページ・ディスク参照）で飾る。

## キャプチーノ
*Cappuccino*

極細挽きのエスプレッソコーヒーを加えた香り豊かなムースを
ビターなガナッシュが引き立てます。
レースのようなショコラ飾りで華やかに。

**型**  15×10cm 高さ5cm 角形セルクル

**材料** 6カット分

- **ジェノワーズショコラ**
  シート1枚分
  (69ページ参照)
  22×17cmにのばして焼く
- **アングレーズ・カフェ**
  インスタントコーヒー…5g
  エスプレッソ用
  極細挽きコーヒー…3g
  (79ページ参照)
  牛乳…50g
  卵黄…1個

  砂糖…10g
  粉ゼラチン…2g
  (水10gでふやかしておく)
  ホワイトチョコレート…50g
  (刻んでおく)
  生クリーム…70g
  (7分立てにする)
- **ポンシュ**
  カルーアコーヒーリキュール
  …15g
  ラム酒…10g

  水…20g
  ★すべて混ぜ合わせておく
- **ガナッシュ**
  生クリーム…30g
  スイートチョコレート
  …40g(カカオ分55%くらい)
- **デコレーション**
  生クリーム…100g
  (8分立てにする)
  砂糖…8g

  エスプレッソ用
  極細挽きコーヒー
  ショコラ飾り
  (75ページ・
  レース参照)
  …各適量

## アングレーズ・カフェをつくる

01 牛乳、コーヒー2種を合わせて小鍋で沸かす。

02 卵黄と砂糖をすり混ぜておき、1の半量をゆっくり注ぎ入れながら混ぜ合わせる。

03 よく混ざった2を、1の鍋に戻し入れ、さらによく混ぜる。

04 とろみがついてクリーム状になるまで、弱火でしっかり混ぜながら加熱する。

05 火を止めて、水でふやかしておいたゼラチンを加え、混ぜ合わせて余熱でよく溶かす。

06 刻んだホワイトチョコレートのボウルに5を加え、よく混ぜ合わせて溶かす。

13 キャプチーノ

07 6をボウルごと氷水に当て、よく混ぜながら冷ます。

08 7がしっかり冷めたら、7分立てにした生クリームを2回に分けて加える。

09 全体をまんべんなく混ぜたらできあがり。

### ガナッシュをつくる

一度冷やすことで
表面が固まり、
平らに重ねやすくなる

10 ラップを貼って輪ゴムで止め、底をつくった角形セルクルをバットの上に置き、に9を一気に流し入れる。トントンとして空気を抜き、表面を平らにする。冷蔵庫で冷やし固める。

11 生クリームとスイートチョコレートを電子レンジで温め、ぷくっと沸騰しかけたら取り出して混ぜる。

12 よく混ぜ合わせ、つややかなガナッシュになったら冷ましておく。

13 用意したジェノワーズショコラの紙をはがし、10×15cmを2枚にカットする。

14 13の1枚の焼き面にポンシュをしみ込ませる。

15　14の1枚を裏返し、10の上にかぶせ、かるく押さえて密着させる。

押し込まないように注意

16　裏面にもたっぷりとポンシュをしみ込ませる。

17　16の上から12を流し入れる。

18　ゴムべらを使って、すみずみまで平らになるように広げる。

19　型のふちについたガナッシュはペーパーなどできれいにふき取る。

20　もう1枚の13の焼き面にたっぷりとポンシュをしみ込ませ、裏返して19の表面にのせ、かるく押さえて密着させる。冷蔵庫でしっかり冷やし固める。

## デコレーションする

21　77ページを参照して型から抜き、76ページを参照して6等分にカットしたら、砂糖を加えて8分立てにした生クリームを星口金をつけた絞り袋に入れ、らせんに絞り出す。

22　エスプレッソ用極細挽きコーヒーを振りかけ、ショコラ飾り（75ページ・レース参照）を飾る。

61

## ベリーとホワイトチョコのドーム

*Dôme Chocolat Blanc et Fruit de Rouge*

ホワイトチョコのムースの中にはベリーがいっぱい。
生クリームは、絞り袋を小刻みに動かしながら絞ると、
フリルのような仕上がりに。

型  直径6.5cm ドーム型

材料　4個分

- ビスキュイシート
  シート1枚分（68ページ参照）
  26×19cmにのばして焼く
- ホワイトチョコのムース
  牛乳…100g
  砂糖…15g
  粉ゼラチン…5g
  （水25gでふやかしておく）
  ホワイトチョコレート…50g
  （刻んでおく）
  レモンの皮（すりおろし）
  …1/2個分

  コアントロー…5g
  （オレンジ風味のリキュール）
  生クリーム…90g
  （7分立てにする）
- フィリング
  冷凍フリュイルージュ
  …35g
  （数種のベリーをミックスしたもの。なければいちごやラズベリーなど1種でもよい）
  ラズベリージャム…8g

- デコレーション
  生クリーム…80g
  （8分立てにする）
  砂糖…7g
  溶けない粉糖
  いちご
  クランベリー
  グロゼイユ
  金箔
  …各適量

## ホワイトチョコのムースをつくる

01　小鍋に牛乳、砂糖を入れて中火にかけ、沸騰したら火を止めてふやかしたゼラチンを加え、余熱で溶かす。

02　刻んだホワイトチョコレートに1の半量を加えてよく混ぜる。

03　残りの1を加え、ホワイトチョコレートが溶けるまで混ぜる。

04　3にレモンの皮をすりおろして加える。白い部分は苦味が出るので、注意。

05　よく混ざったらコアントローを加え、さらに混ぜる。

## 14 ベリーとホワイトチョコのドーム

06 ボウルごと氷水に当て、混ぜながら冷やし、写真くらいのとろみがついたら氷水からはずす。

07 7分立てにした生クリームを2回に分けて加え、まんべんなく混ぜる。

08 写真くらいのとろみがついたムースになる。

### ドームをつくる

09 ドーム型の半分くらいまで8を流し入れたら、スプーンの背を使って型のふちまでなすりつけ、中央をへこませる。

10 凍ったままの冷凍フリュイルージュにラズベリージャムを加え、からませる。

11 9の中央に10をのせ、かるく押し込む。

12 残りの8を流し入れ、スプーンの背で表面を平らにすりきる。

13 用意したビスキュイを直径6cmほどの型で4枚抜いて12に裏返してのせ、冷凍庫でしっかり固まるまで十分凍らせる。

（冷凍しないと型から抜けない）

## デコレーションする

14 8分立てにした生クリームをバラ口金をつけた絞り袋に入れる。

15 77ページを参照して型から抜いた**13**を回転台の中央にのせる。口金の太い方をドームの中心に当てる。

16 中心の位置は固定し、小刻みに動かしながら回転台をもう一方の手で回し、ぐるっと1周生クリームを絞る。

17 **16**と同様にして、内側にもう1周絞る。絞り袋を構えている場所は動かさず、回転台を動かすとスムーズに絞れる。

18 **17**の全体に茶こしかシェイカーに入れた溶けない粉糖を振りかける。

19 縦8等分にカットしたいちご、クランベリー、グロゼイユを飾る。

20 金箔を飾る。冷蔵庫で解凍してからいただく。

## VARIATION

「デコレーション」を変えてアレンジ
# 赤いナパージュとホワイトチョコのドーム

ベースは同じ「ベリーとホワイトチョコのドーム」でも、赤いナパージュならこんなに華やか。
ナパージュは裏ごししてなめらかに仕上げると、ムラになりません。

01　裏ごしタイプのラズベリージャム 50gとナパージュ 50gを混ぜ合わせる。

02　1をよく混ぜたら茶こしで裏ごしし、よりなめらかにする。

中心から渦を巻くようにかける

03　バットを敷いたクーラー（網）の上に冷凍庫から出したムースを2個ずつ並べ、2を中心からららせんを描くようにかける。

04　ナパージュの余分が落ちきったら、パレットで皿にそっと移し、金箔スプレーをかける。

05　グロゼイユ、食用バラの花びらを飾る。

# おいしくきれいにつくる
# 基本テクニック

失敗しないケーキづくりに大切なのは、やっぱり「基本」。もちろん、プティ・ガトーも同様です。
きれいにおいしく仕上げるために欠かせないハウツーを集めました。
デコレーションをワンランクアップさせるショコラ飾りのつくり方も、ぜひマスターしてください。
きっとケーキづくりがもっと楽しくなります。

PETIT GÂTEAU METHODE 2

# ビスキュイのつくり方

ビスキュイとは、卵白と卵黄を別々に泡立てる、「別立て」でつくった生地のこと。ジェノワーズ（69ページ参照）よりかるい食感が特徴です。絞り袋に入れてオーブンペーパーの上に絞り出し、好みの形に焼いても。

**材料** 1シート分

 卵白…1個分
 砂糖…30g
 卵黄…1個分
 薄力粉…30g
 ※ビスキュイショコラには、薄力粉23gにココア7gを混ぜてつくる
 ※ビスキュイピスターシュ（46ページ プランタニエ）には、薄力粉25gにピスタチオパウダー10gを混ぜてつくる。ピスタチオパウダーがないときはアーモンドパウダーで代用してもよい。

全体にまんべんなく焼き色がついたらできあがり。十分に冷めたら裏返して紙をはがし、各レシピ指定のサイズに切る。

**01** ハンドミキサーで卵白を泡立てる。ボリュームが出て羽の跡が残るくらいの固さになったら2回に分けて砂糖を加える。

**02** しっかりと固いメレンゲになったら卵黄を加え、ざっと混ぜる。卵黄がなじんだら泡立て器をはずす。

**03** 薄力粉をふるい入れる。ココアやピスタチオパウダーを入れるときは、このとき薄力粉と一緒に加える。

**04** ゴムべらで丁寧にさっくりと混ぜる。ボールを回しながら生地を切るように大きく混ぜるのがコツ。

**05** 粉っぽさがなくなったら混ぜ終える。混ぜすぎないよう注意。

**06** 紙（コピー用紙など）の上にすべてあける。

**07** L字パレットの全体を使い、押しつけるようにしながら広げ、各レシピ指定のサイズにのばす。

**08** 190℃に予熱したオーブンで8〜9分焼いたらすぐに天板からはずし、オーブンシートなどをかぶせ、フタをして乾燥を防ぎながら冷ます。

PETIT GÂTEAU METHODE 3

# ジェノワーズショコラのつくり方

ビスキュイに対し、全卵を泡立てた「共立て」でつくった生地をジェノワーズといいます。一般的に「スポンジケーキ」といわれる生地と同じと考えてよいでしょう。きめの細かい泡になり、しっとりした生地ができるのが特徴です。

**材料** 1シート分
  卵…1個
  砂糖…30g
  牛乳…5g
  薄力粉…22g
  ココア…8g

焼き上がったらすぐ天板からはずし、冷めてから紙をはがしてカットして使う。

**01** A4サイズのコピー用紙を折って四隅をホチキスで止め、底が22×17cmの箱をつくる。箱の深さは2cmほどあればOK。

**02** 全卵に砂糖を加え、湯せんにかけながらハンドミキサーの羽でかき混ぜる。

**03** 指を入れてじんわり熱く感じる、40℃くらいまで温めたら、ハンドミキサーの高速で泡立てる。

**04** 写真のようにボリュームが出て泡立て器の跡がつき、持ち上げるとゆっくり落ちる状態になるまで、しっかり泡立てる。

**05** 牛乳を加えて、ハンドミキサーの羽でざっと混ぜる。

**06** 薄力粉とココアを一緒にふるい入れ、ボウルを回しながら、粉っぽさがなくなるまでゴムべらでていねいに混ぜる。

**07** 持ち上げたゴムべらから生地がタラタラとつながって落ち、つややかになればできあがり。

**08** 1の箱に生地を流し入れ、200℃に予熱したオーブンで9～10分くらい焼く。オーブンシートなどをかぶせ、乾燥を防ぎながら冷ます。

## PETIT GÂTEAU METHODE 4

# タルトレットのつくり方

いくつかあるタルト生地の中でも甘みのあるパートシュクレに
クレームダマンド（アーモンドクリーム）を入れて焼き上げた基本のタルトレットのつくり方をご紹介します。

**材料** 4個分

- **パートシュクレ**
  （タルトレット型4個分）
  バター（食塩不使用）…25g
  粉糖…18g
  卵黄…10g
  バニラエッセンス…適量
  薄力粉…45g
  ★パートシュクレショコラを
  つくるときは、薄力粉は40gに
  し、ココア10gも加える。

- **クレームダマンド**
  バター（食塩不使用）
  砂糖
  卵
  アーモンドパウダー
  ※分量は各レシピの指示通
  りに計量。

ふち（上部）の直径7cm、高さ1.6cmの
タルトレット型を使用。

## パートシュクレをつくる

**01** バターは室温に戻し、やわらかくなったら泡立て器でほぐし、粉糖を加えてすり混ぜる。

**02** 卵黄を加えてさらによく混ぜる。

**03** バニラエッセンスを加えて混ぜる。よく混ざったら泡立て器をはずす。

**04** 薄力粉をふるい入れ、ゴムべらで合わせる。

**05** 生地がまとまってきたら、ゴムべらで押しつけるようにしてひとつにまとめる。

**06** 5をビニール袋に入れ、冷蔵庫で1時間以上休ませる。このまま冷凍保存してもOK。

**07** 6を4等分し、打ち粉をしながらめん棒で丸く均一にのばす。冷凍した場合は冷蔵庫で解凍してからのばす。

**08** タルトレット型にのせ、型に密着させながらぴったりと敷き込む。

十分に焼き色がつき、香ばしさが出るまでしっかり焼くのがポイント。粗熱が取れてから型からはずすように。

## クレームダマンドをつくる

09 ナイフの先端を使って型からはみ出した部分をすりきるようにカットする。

10 型の底をフォークでつつき、まんべんなく穴をあける。こうすると中央がふくらまず均等に焼ける。

11 室温に戻したバターをクリーム状になるまでやわらかく練り、砂糖を加え、混ぜる。

12 卵は常温に戻し、よくほぐしてから2回に分けて加える。

13 アーモンドパウダーを加えて混ぜる。

14 なめらかに混ざったらできあがり。

15 10に4等分してのせ、ざっとならす。クレームダマンドは焼くとふくらむので、少ないくらいでよい。

16 15を180℃に予熱したオーブンで25分ほど焼く。

## PETIT GÂTEAU METHODE 5

# ショコラ飾りのつくり方

テンパリングをしたチョコレートをさまざまな形に広げ、固めたショコラ飾りは、プティガトーの仕上がりを
プロらしくしてくれます。ちょっと難しそうに見えますが、慣れてしまえば簡単。手際よく作業するのがコツです。

**材料** スイートチョコレート…200g程度
※ホワイトチョコレートでもよい

**道具** セロファン
ゴムマット
スプーン
など

テンパリングとは、チョコレートを溶かして固めるときに行う温度調節のこと。テンパリングすることで、固まりやすくなる、光沢が出る、口溶けがよくなるというメリットが。慣れないうちは温度を計りながら行うとよいでしょう。

プティガトーの格を上げるショコラ飾りは、チョコレートのテンパリングが決め手。

## テンパリング

**01** 刻んだスイートチョコレートを入れたボウルを50℃くらいのお湯で湯せんにかけて溶かす。チョコの温度は40℃くらい。

**02** チョコレートがなめらかに溶けてきたら、ボウルを氷水に当て混ぜながら冷やす。

**03** チョコレートのツヤがなくなり、だんだん粘り気が出てくる。ダマが出始めたら氷水からはずす。温度は27〜28℃（ホワイトチョコレートなら26〜27℃）。

**04** 再びボウルを湯せんに数秒つけてはすぐにはずし、全体を混ぜてチョコレートのダマを溶かしていく。

**05** ダマが溶けきらなければ、また湯せんに数秒当てては混ぜて溶かし、を繰り返す。

**07** ダマが完全になくなったら完成（温度は31℃、ホワイトチョコレートは28〜29℃）。温度を上げすぎてしまったら2からやり直す。

※きちんとテンパリングができていないと飾りがしっかり固まらなかったり、白いザラザラ（ブルーム）が出るので、温度をチェックしながら進めましょう。

## ■ しずく形

スプーンの背でこすっただけのシンプルなショコラ飾り。難易度も低いので、おすすめです。

01 テンパリングしたチョコレートをスプーンの背にたっぷりめにつける。

02 セロファンにかるく押しつける。強く押すと薄くなってしまうので注意。

03 そのままスッと手前に引いてかすれた線をつくり、セロファンごと冷蔵庫で冷やし固める。

### ARRANGE

01 帯状にカットしたセロファンの上に、横一直線に「しずく形」をつくる。

02 「しずく形」の半分を少し起こすようにして、角形セルクルなどに立てかける。このまま冷蔵庫で冷やし固める。

03 セロファンからはずすと、写真のようにくるんとしたショコラ飾りに。

## ■ 羽

チョコレートをつけたスプーンの動かし方で、違う表情の飾りに。繊細な仕上がりです。

01 テンパリングしたチョコレートをスプーンの背の先の方にだけつけ、セロファンにかるく押しつける。

02 そのままカーブさせながら手前にスッと引き、細めの羽をつくる。冷蔵庫で冷やし固める。

# PETIT GÂTEAU METHODE 5　　ショコラ飾りのつくり方

## ■ 基本のシート

01　テンパリングしたチョコレートを適量、セロファンの上にのせ、パレットで均等に広げる。冷蔵庫で1分くらい冷やす。

02　表面が乾いたのを確認したら裏返す。そのままだと反ってしまうので、バットなどで重しをし、十分に冷やし固める。

## ■ ディスク

薄く伸ばしたチョコレートを型抜きしただけでもオシャレに。

01　基本のシートをつくり、固める。

02　直径5cmの抜き型をかるく温める。

03　2で1をそっと押しあてて型抜きしてから、同様の手順で温めた直径3cmの型で内側を抜く。

## ■ スクエア

正方形にカットしたショコラ飾りは、ほかのデコレーションと組み合わせて。

01　基本のシートをつくり、固める。

02　ナイフをかるく温める。

03　1を5×5cmの正方形に切る。無理にカットすると割れるので、そっと溶かし切るように。

## ■ ライン

ゆるやかなラインはカカオニブがアクセント。

防振用のゴムマット（日用品店などで売っている）をデコレーションコームとして使用。存在感のある模様に。

01 74ページ「基本のシート」1と同様にしてチョコレートをセロファンの上に広げ、ゴムマットでゆるやかな波模様を描く。

02 ラインの上にカカオニブ（ローストしたカカオ豆を砕いたもの）を散らし、冷蔵庫で冷やし固める。使うときはラインを1本ずつバラバラにして使う。

## ■ カールコーム

好みの大きさにカットして使う。ホワイトチョコレートでつくると、やさしいイメージに。

01 74ページ「基本のシート」と同様にしてチョコレートを帯状に切ったセロファンの上に細長く広げる。端を1cmくらい残したところにゴムマットを押しあて、手前に強く引いてコーム模様にする。

02 模様ができたら、セロファンをそっとはずす。

03 コームの部分を半分起こすようにして角形セルクルなどに立てかけ、冷蔵庫で冷やし固める。

## ■ レース

繊細なレース飾りは、使う分量で表情もさまざま。大きく使うほど、ゴージャスな雰囲気に。

01 テンパリングしたチョコレートをビニールの絞り袋に入れ、先端を少しだけカットする。

02 セロファンの上にくるくると円を描きながら模様をつくる。

03 密度が薄すぎるとこわれやすくなるので注意。シートと同様に重しをすると反り返らない。

# PETIT GÂTEAU METHODE 6

# きれいに仕上げるポイントメソッド

切り口や角がつぶれてしまって、残念な仕上がりに……なんてことにならないよう、
見落としがちな仕上げのコツをまとめました。冷凍保存のハウツーも、ぜひ覚えておいて。

## ■切り方

角形のプティガトーはスパッと切れた、キレイな断面もデコレーションのひとつ、と考えます。ナイフをしっかり温めて、少しずつ小刻みに動かして切るのがコツです。無理に押しつけて切ると切り口がガタガタになるので、焦らず少しずつ丁寧に切りましょう。

01 ナイフは直火に当てて温める。長い波刃のナイフが最適。さっとあぶる程度にし、あたためすぎに注意。

02 カットする幅はきちんと測ってからかるく印をつけ、ナイフを小刻みに動かしながら切っていく。

03 そのつどナイフについたクリームをふき取り、再度温めて少しずつカットする。

## ■保存法

ムースやババロアは、型ごと冷凍保存ができます。食べるときは冷蔵庫に移してゆっくり解凍を。特にドーム型は必ず冷凍して固めてから型抜きをするので、しっかりと密閉して乾燥やにおいがつくのを防ぎます。

01 型に入れたムースやババロアは、あらかじめ冷凍庫で冷やし固めておいてからラップでぴっちりと包む。

02 ラップに包んだ型は、そのまま保存袋に入れて密封し、冷凍庫で保存。この状態で2週間保存できる。

## ■ 型抜き法

セルクルなどの型から抜くときは、冷蔵庫で冷やし固めた型をしっかり温めるのがコツ。スッと抜けるのが理想ですが、途中で止まったら無理に抜こうとせず、もう一度温め直して。焦らないことがポイントです。

### 角形セルクル

レンジで濡れたタオルを温め、蒸しタオルを準備する。火傷に注意。

01 温めたタオルでセルクル全体を包み込んで温める。型が大きい場合は半分ずつ温める。

02 両手を型に添えて持ち、ゆっくりと抜いていく。抜けにくければ、無理せずもう一度温める。

### セルクル

小さなセルクルのお菓子は、ふちの部分が欠けないように丁寧に抜く。

01 温めたタオルでセルクルをくるみ、型を温める。

02 片手で型を持ち、ゆっくりと真上に引き上げて抜く。

### ドーム型

コロンと丸いドーム型は、タオルでなく直火で温める。生地が溶けないよう、温めすぎに注意。

01 冷凍させて凍らせた生地をフォークで突き刺し、型を直火にまんべんなく当てて温める。

02 ゆっくりと型に沿ってスライドさせるように型から抜く。

03 生地の下にそっと手を当てて持ち、ゆっくりとフォークを抜く。

# 基本の道具

本書のプティ・ガトーをつくるときに使った道具を紹介します。これだけ揃えばほとんどのケーキはつくれる、基本の道具です。

**1 ボウル**
材料を混ぜ合わせるなど、ケーキをつくるときに不可欠な道具。ステンレス製で大小揃えて。

**2 はけ**
焼き上がった生地にポンシュをしみ込ませるときに使用。

**3 スプーン**
型に生地を流し込むときやフルーツをのせるとき、ショコラ飾りをつくるときに使用。

**4 ゴムべら（小）**
少量のゼラチンなどを器からきれいにこそげやすくて便利。

**5 こし器**
薄力粉をふるい入れるときに使う。ボウルよりもひと回り小さなものを選んで。

**6 ハンドミキサー**
生クリームや生地を手早く泡立てるときに欠かせない。羽が先すぼまりでないものがおすすめ。

**7 キッチンスケール**
正確な計量はケーキづくりに欠かせない。1g単位まで量れるデジタル式が最適。

**8 めん棒**
パートシュクレをのばすときに。握りやすい太さで、長さ25cmくらいのものが使いやすい。

**9 泡立て器**
用意しておきたい基本の道具。持ち手がしっかりしていて握りやすいものがおすすめ。

**10 ミニ泡立て器**
少量のものを混ぜるときに、小さいサイズの泡立て器もあると便利。

**11 ゴムべら（大）**
生地をさっくりと混ぜ合わせたいときや、ムースを全体的に混ぜるときに。

**12 フルーツナイフ**
波刃の小ぶりなナイフは切れ味もよく、小さなフルーツもきれいに切れる。

**13 パレットナイフ（パレット）**
ナパージュやチョコレートを平らに塗り広げるときに活躍。刃の長さは15cmくらいが便利。

**14 ケーキナイフ**
完成したケーキを切るときに。波刃のもので、刃の長さが20〜30cmくらいのものが使いやすい。

## 基本の材料

ここで紹介する7つの材料が揃えば、基本的なケーキはつくれます。シンプルなだけに、材料は吟味しましょう。

**1 薄力粉**
ケーキづくりで使うのは、基本的に薄力粉。「打ち粉」とあるときは、強力粉が理想的。

**2 砂糖**
特に指定がない限り、上白糖かグラニュー糖を使用する。

**3 バター**
ケーキづくりには食塩不使用のバターを使うのが基本。

**4 粉ゼラチン**
ムースやババロアづくりに、粉末のものが便利。指定の分量の水でふやかして使う。

**5 卵**
Lサイズを使用。目安として、卵黄20g、卵白40g。「卵(または卵黄、卵白)○g」とある場合は、割りほぐしてから計量する。

**6 生クリーム**
動物性脂肪分35%(または36%)のものを使用。泡立てるときはボウルごと氷水に当てて冷やしながら。

**7 牛乳**
アングレーズソースやムースづくりに不可欠。新鮮なものを使う。

## ワンランクアップの材料

プティ・ガトーをワンランクアップさせる(少し専門的な)材料をご紹介。購入は製菓材料店で。

**1 ホワイトチョコレート**
カカオバターと粉乳を主原料としたチョコレート。

**2 スイートチョコレート**
ミルク分の入らないチョコレート。レシピで指定されたカカオ分のものを使う。

**3 ミルクチョコレート**
スイートチョコレートにミルクを加え、まろやかにしたチョコレート。

**4 ラズベリージャム**
裏ごしタイプが便利。味つけのほか、ナパージュと混ぜて赤いナパージュにする。

**5 ラズベリーピュレ**
生のラズベリーを裏ごしし、なめらかな液状にしたもの。冷凍して市販されている。

**6 マンゴーピュレ**
5と同様にマンゴーを裏ごししたもの。

**7 ナパージュ**
仕上げに塗りツヤを出す。本書では加熱・加水不要のジュレ状タイプを使用。冷凍保存も可能。

**8 溶けない粉糖**
粉糖に油分をコーティングしたデコレーション用シュガー。クリーム、フルーツなどに。

**9 黒糖パウダー**
黒糖を粉末状にしたもの。塊のものは溶けにくいので、粉末状が便利。

**10 マロンペースト**
栗をペースト状にし、糖類を加えたもの。さらにやわらかいマロンクリームもある。

**11 ピスタチオペースト**
新鮮なピスタチオをそのまま挽いてペースト状にしたもの。保存は冷蔵か冷凍で。

**12 ピスタチオパウダー**
新鮮なピスタチオを粉末にしたもの。焼き生地に混ぜて使用する。

**13 バニラさや**
中にバニラビーンズが。ナイフの先で縦に割り、中をこそげ取って使用する。

**14 ストロベリーパウダー**
フリーズドライにしたいちごを粉末にしたもの。フレーク状のものも。

**15 エスプレッソ用コーヒー**
強めにローストしたコーヒー豆を極細挽きにしたもの。インスタントで代用のときは半量で。

### 熊谷裕子（くまがい・ゆうこ）

1973年神奈川県生まれ。青山学院大学文学部在学中、パリリッツエスコフィエにてパティシエコース受講。卒業後、葉山「サンルイ島」、横浜「レジオン」、世田谷「ル パティシエ タカギ」などのパティスリー勤務を経て、2002年より神奈川県中央林間にてお菓子教室「クレーヴスィーツキッチン craive sweets kitchen」を主宰。2011年より文京区千石にて「アトリエ ルカド Atelier Lekado」を開講。少人数制での実習とデモンストレーション形式でレッスンを行うかたわら、お菓子の書籍やムックでも活躍中。近著に『ショコラティエみたいにできる 魔法のボンボン・ショコラレシピ』（河出書房新社）、『焼き菓子アレンジブック』（旭屋出版）などがある。

アトリエ ルカド　http://www.lekado.jp/school/school.html
クレーヴスィーツキッチン　http://craive.webcrow.jp/

撮影協力
TOMIZ（富澤商店）
神奈川県、東京都を中心に多数の店舗を展開。菓子材料・器具のほかにもパン・料理用の素材まであらゆる食材を扱っている。
オンラインショップ
https://tomiz.com

Staff
装丁　　　　　　　根本真路
デザイン　　　　　下舘洋子（ボトムグラフィック）
撮影　　　　　　　北川鉄雄（Studio colts）
スタイリング　　　South Point
取材・文　　　　　堀田康子
企画・編集　　　　成田すず江（株式会社テンカウント）
編集アシスタント　保谷恵那（株式会社テンカウント）
菓子製作アシスタント　田口竜基

本書の内容に関するお問い合わせは、お手紙かメール（jitsuyou@kawade.co.jp）にて承ります。恐縮ですが、お電話でのお問い合わせはご遠慮くださいますようお願いいたします。

＊本書は2014年11月小社刊『プティ・ガトーのデコレーション・メソッド』を新装したものです。

---

### プティ・ガトーのデコレーション・メソッド

2014年11月30日　初版発行
2018年12月20日　新装版初版印刷
2018年12月30日　新装版初版発行

著　者　熊谷裕子
発行者　小野寺優
発行所　株式会社河出書房新社
　　　　〒151-0051　東京都渋谷区千駄ヶ谷2-32-2
　　　　電話　03-3404-1201（営業）
　　　　　　　03-3404-8611（編集）
　　　　http://www.kawade.co.jp/

印刷・製本　凸版印刷株式会社
Printed in Japan　ISBN978-4-309-28711-9

落丁本・乱丁本はお取り替えいたします。
本書のコピー、スキャン、デジタル化等の無断複製は著作権法上での例外を除き禁じられています。本書を代行業者等の第三者に依頼してスキャンやデジタル化することは、いかなる場合も著作権法違反となります。